AF248430

LANTARA

27
Ln 11388

OUVRAGES DU MÊME AUTEUR.

CHRONIQUES

DE LA

CHAPELLE-LA-REINE

BROCHURE IN-8°. PRIX : 1 FR. 50 C.

SOUS PRESSE :

HISTOIRE ARCHÉOLOGIQUE

DE LARCHANT

Imprimerie de Pillet fils aîné, rue des Grands-Augustins, 5.

Je suis le peintre Lentara ;
La Foi m'a tenu lieu de livre,

L'Espérance me fesait vivre,
Et la Charité m'enterra.

A Paris, chez les Champions frères, St Jacques à la Ville de Rouen

a Milly ce 3 aoux Mille esp cent
Soixente Et truse Lantara

RECHERCHES

HISTORIQUES, BIOGRAPHIQUES ET LITTÉRAIRES

SUR LE PEINTRE

LANTARA

AVEC LA LISTE DE SES OUVRAGES

SON PORTRAIT ET UNE LETTRE APOLOGÉTIQUE

DE M. COUDER

Peintre d'histoire, membre de l'Institut

PAR

Emile B. DE LA CHAVIGNERIE

BIBLIOTHÈQUE NATIONALE

R. F.

DÉPÔT LÉGAL
Seine
n° 2479
1852

PARIS

J.-B. DUMOULIN, LIBRAIRE-ÉDITEUR

QUAI DES AUGUSTINS, 13

1852

Fontainebleau, le 16 mars 1852.

A Monsieur EMILE B. de la CHAVIGNERIE.

MONSIEUR,

Vous avez bien voulu me communiquer votre intéressant travail sur la vie et les ouvrages du peintre Lantara, vous avez fait, Monsieur, une bonne œuvre, et doublement méritoire, d'abord en faisant cesser toutes les incertitudes qui existaient encore sur le lieu de la naissance, sur les premières années et les premiers essais d'un artiste dont les ouvrages jouissent d'une estime méritée ; et en second lieu, par la chaleureuse persévérance avec laquelle vous défendez sa mémoire contre une imputation sans fondement, et trop facilement accréditée par un ouvrage dramatique où Lantara figurait comme le type accompli du peintre au cabaret. Si la simplicité, la facilité, l'honnêteté du caractère de l'artiste faisaient qu'il s'est trouvé bien partout; qu'il y a loin encore de cette rare et trop rare bonhomie, à un vice que rien ne peut faire excuser parmi les hommes!

La liste des ouvrages de Lantara, qui existent au Louvre et dans les collections des amateurs, ne peut manquer d'intéresser, et d'attirer de nouveau l'attention publique sur les productions d'un peintre qui, berger d'abord, acquit, par la seule impulsion de la nature, une distinction réelle parmi ses émules, et conserva dans le tourbillon de Paris ses premières idées et ses premières habitudes, comme s'il s'était secrètement réservé le doux plaisir de revenir à ses moutons.

Son portrait n'était pas connu ; vous l'avez découvert à force de recherches ; en le reproduisant, il sera un utile ornement de votre ouvrage, et la physionomie de l'homme corroborera vos jugements sur l'artiste.

Vous nous le montrez, aussi, poëte : ses chansons à boire ont couru dans le monde avec un grand succès : Il faut savoir gré au poëte de son esprit, sans condamner ses inclinations.

Le pauvre Lantara mourut à l'hôpital ; il avait donné

toute sa vie à l'art, et il ne pouvait réussir qu'à cette condition ; il n'eut pas le temps d'apprendre à vivre et à compter avec le destin. Mais ces singulières particularités justifient pleinement l'heureuse allusion aux trois vertus théologales, que renferme le quatrain qui sert à la fois d'histoire et d'épitaphe à l'artiste :

> Je suis le peintre Lantara,
> *La Foi* m'a tenu lieu de livre ;
> *L'Espérance* me faisait vivre :
> Et *la Charité* m'enterra.

D'autres documents curieux et inédits que vous avez également joints à votre ouvrage, y ajouteront un surcroît d'intérêt qui doit vous concilier le suffrage et la reconnaissance des amis des arts. Je suis heureux, Monsieur, d'être le premier à vous exprimer ces sentiments, et d'avoir cette occasion de vous offrir l'assurance de ma sincère considération.

AUGUSTE COUDER

Peintre d'histoire, Membre de l'Institut,
Officier de la légion-d'honneur.

AVANT-PROPOS

J'offre à mes lecteurs le fruit de dix-sept mois de recherches consciencieuses, de démarches de toute espèce.

Certaines personnes trouveront que c'est beaucoup trop, d'autres, peut-être, que ce n'est pas assez. Je regrette de n'avoir pas été en mesure de réunir plus tôt les curieux et inédits documents que je publie aujourd'hui, je les aurais mis avec bonheur à la disposition de MM. les rédacteurs de l'*Histoire des peintres* (1) *. J'ai

---

* Tous les chiffres entre parenthèse renvoient aux preuves numérotées placées à la fin de l'ouvrage.

cru devoir consigner ici cette pensée, pour témoigner dans quel esprit a été écrite cette brochure.

Je veux de suite, aussi, exprimer toute ma reconnaissance à M. Sougit père, ancien notaire à Milly ; grâce à son zèle, à son activité, à son obligeance inépuisable, j'ai pu jeter dans le cours de l'ouvrage qu'on va lire une foule de détails nouveaux, intéressants et surtout authentiques.

Sept villes se disputaient l'honneur d'avoir vu naître Homère ; on se rappelle le distique d'Horace à ce sujet :

Smyrna, Chios, Colophon, Salamis, Rhodos, Argos, Athenæ.
Orbis de patria, certat, Homere, tua.

On peut presque, *si parva magnis componere licet*, en dire autant à propos du peintre Lantara.

Montargis, Fontainebleau, Melun, Achères, Chailly-en-Bière, Larchant, Souppes, Arbonne, Pithiviers, Nanteau-sur-Essonne, Malesherbes et d'autres pays encore, ont revendiqué le glorieux titre de patrie de Lantara.

Les auteurs qui, en petit nombre, il faut le reconnaitre, se sont occupés de Lantara (2), ont généralement adopté Montargis (3) ou ses environs comme lieu de sa naissance. M. Charles Blanc (1), quoique dans les meilleures conditions pour résumer la question, semble pencher pour Fontainebleau, et, dans tous les cas, attacher peu d'importance à ce détail; nous trouvons en effet dans sa charmante notice sur Lantara : « Lorsque « tout jeune encore il arriva à Paris, au beau milieu du « règne de Louis XV, on ne savait trop d'où il venait, « et lui-même ne paraissait guère s'en douter. Mathu- « rin-Simon Lantara était né, dit-on, en 1745, aux « environs de Montargis, ou, plus vraisemblablement, « à Fontainebleau. Mais qu'importe, après tout? »

Nous pensons, nous, au contraire, que tout ce qui touche à l'homme qui s'est rendu célèbre par quelque talent signalé, acquiert par cela seul de l'intérêt; avouons-le, d'ailleurs, on éprouve toujours un certain sentiment de plaisir en scrutant la vie privée, en fouillant, si j'ose m'exprimer ainsi, les antécédents et jusqu'aux premières années de la vie du personnage qui est devenu la propriété de l'histoire par une supériorité intellectuelle généralement reconnue.

Nous n'avons donc rien négligé de tout ce qu'il a été possible de recueillir, particulièrement quant aux titres authentiques, et à tout témoignage de quelque prix.

Nous avons emprunté à tous ceux qui ont traité le

même sujet avant nous, laissant religieusement à César ce qui appartenait à César.

Enfin, pour ne pas ralentir le cours du récit, nous avons rejeté à la fin de la notice les preuves à l'appui de ce que nous avancions, les éclaircissements que nous avons crus utiles pour l'intelligence du texte ; nous avons exactement indiqué les sources où nous avons puisé.

L'histoire s'écrit lentement : le meilleur historien est souvent celui qui arrive le dernier, aidé par les travaux de tous ses devanciers.

Nous venons apporter notre pierre au grand monument de l'histoire. Notre ouvrage, pour nous servir de l'expression d'un ancien auteur, est de ceux qui « exigent plus de labeur que de savoir. »

Nous pouvons, toutefois, assurer qu'il a été exécuté avec l'envie et la conscience de bien faire.

La Chapelle-la-Reine.

Mars 1852.

LANTARA

—SIMON-MATHURIN—

PAYSAGISTE

Né à Oncy, le 24 mars 1729,

Mort à Paris, à l'Hôpital de la Charité, le 22 décembre 1778.

> « Je suis le peintre Lantara,
> « La foi m'a tenu lieu de livre ;
> « L'espérance me faisait vivre :
> « Et la charité m'enterra. »

MILLY

Milly (4) chef-lieu de canton du département de Seine-et-Oise, sur la petite rivière d'École, qui compte deux mille habitants, est situé à 16 kilomètres de Fontainebleau.

Non moins exagérée dans ses prétentions que le Céleste-Empire, cette petite ville revendique pour fondateur Dryus, quatrième roi des Gaules, 2895 ans avant Jésus-Christ.

Il est plus certain que Milly était jadis une baronnie féodale défendue par un château très-fort. Du XIVe au XVe siècle, les Anglais la prirent et la brûlèrent trois fois.

Le château de Milly a appartenu aux rois de France qui l'ont quelquefois habité. Il devint fief seigneurial en 1286, par suite de l'abandon qu'en fit à cette époque Philippe-le-Bel à la famille des Molet de Graville. Il a, depuis, été successivement possédé par les Vendôme, les Montmorency, les Belin, le président Perrot, les Saint-Aulaire, enfin par la famille des d'Hullau d'Almant. En 1783, M. de Lanoy, administrateur de l'École militaire, amena dans la petite habitation qu'il possédait à Milly, pour y passer quelques jours de vacances, le plus studieux de ses élèves... le jeune Bonaparte (5).

ONCY

Au nombre des seize communes qui composent le canton de Milly, figure celle d'Oncy, distante de cette dernière ville de 2 kilomètres et comprenant 191 habitants.

Elle relevait autrefois en plein fief, foi et hommage, du château, terre, seigneurie et baronnie de Milly.

En 1604 le fief d'Oncy fut abandonné par messire Henri de Clausse, seigneur de Fleury-en-Bière, aux religieux de l'abbaye de Saint-Victor de Paris (6) « à charge par ces derniers de faire tenir le dit fief admorti de tous droits » (7).

Or, voici ce qui se passa dans cette petite commune, le vingt-quatre mars, mil sept-cent vingt-neuf. Mathurin Quineau, maître charron, et Louise Lespinette, vinrent présenter à l'église d'Oncy, un garçon, né du matin, sous le nom de Simon-Mathurin, déclarant qu'il était fils de Françoise Malvilain, fille non mariée. Boucher, prieur-curé d'Oncy, reçut l'enfant, et la déclaration dont il dressa acte (8).

Trois ans plus tard, le vingt-cinq février, mil sept-cent trente-deux, on célébrait dans cette même église le mariage (9) de Simon-Mathurin Lantara (10), tisserand (11), avec Françoise Malvilain. Les deux époux reconnaissaient (8) pour leur enfant légitime le garçon né le 24 mars 1729 de ladite Françoise Malvilain.

Ce mariage n'avait pas été conclu sans difficultés. Le fait de la naissance de Simon-Mathurin avait donné lieu à un procès entre Lantara et Martin Malvilain père, qui s'était porté fort de sa fille pécheresse.

La procédure soutenue devant le bailli de Milly en cette circonstance fut considérable; aux archives du greffe du tribunal d'Étampes, on retrouve aujourd'hui, dans les flots de poussière, dix dossiers qui ont trait à cette affaire extraordinaire.

Lantara défaillant, condamné par corps à payer 150 #, par forme de dommages et intérêts, à ladite Françoise Malvilain, et en sus 50 # à titre de provision pour élever l'enfant, résultat de ses fréquentations avec ladite demoiselle, trouva sans doute plus avantageux et plus économique de... l'épouser; un nom fut donc accordé à l'enfant, qui devait un jour l'illustrer par son talent.

Il n'entre pas dans le cadre de cet ouvrage, encore

Rivière d'après Philippe, B de la Chavignerie.

Imp. Lemercier, r. de Seine 57, Paris

moins dans l'esprit qui a présidé à sa rédaction, de dis-
cuter ici le plus ou moins d'à-propos de l'article 340 du
code civil, par lequel la recherche de la paternité est
interdite d'une manière absolue ; le père de notre Lantara fut privé d'un tel bénéfice ; il se soumit gracieuse-
ment à la loi de son temps, vraisemblablement aussi
aux prescriptions de sa conscience.

Seulement, comme le rapprochement de l'ancienne
législation avec la nouvelle, en une si délicate matière,
nous a semblé offrir un intérêt historique réel, nous
nous sommes assez longuement étendu sur ce sujet,
aux preuves qu'on pourra consulter (12).

On voit encore au carrefour, sur le bord de la route
qui conduit de Milly à Malesherbes, en face des bâtiments et du clos de l'ancien prieuré d'Oncy, les restes
de la modeste chaumière (13) où naquit, il y a plus d'un
siècle, le peintre Lantara.

Le lecteur peut la considérer telle qu'elle existe aujourd'hui dans le dessin qu'en a fait notre jeune frère,
et que nous joignons ici ; le bâtiment couvert en tuiles
qui lui est annexé, n'appartenait pas à la famille Malvilain.

L'administration des ponts et chaussées a fait abattre
une partie de la précieuse chaumière pour l'élargisse-
ment de la route départementale n° 30. Ainsi se com-
porte le temps dans sa marche dévastatrice. Récem-
ment, le jury d'expropriation de la Seine décrétait, pour
le prolongement de la rue de Rivoli, la démolition de
l'hôtel de Lizieux, où était née Sophie Arnoult, qui ve-

nait mourir en 1802 dans le presbytère de Luzarches,
par elle converti en une délicieuse maison de campagne;
— ce même hôtel de Lizieux qu'habita le célèbre
peintre Vanloo !

ENFANCE DE LANTARA

Lantara avait huit ans quand il perdit sa mère, qui mourut le treize juin 1737 ; abandonné à lui-même, en quelque sorte, jusqu'alors, il avait reçu pour toutes leçons celles du magister du village. Bientôt M. Pierre Gillet, échevin de la ville de Paris et propriétaire du château de la Renommière, prit cet enfant à son service pour garder les bestiaux (14). La terre de la Renommière (15) dépend de la commune de Noisy, qui touche à celle d'Oncy.

La campagne est des plus fraîches et des plus coquettes en cet endroit ; les sites sont ravissants ; des rochers de grès aux formes bizarres et anté-diluviennes, des plantations de sapins, quelques peupliers s'élançant

de terre çà et là, tel est l'horizon du panorama. La petite rivière d'École roule à travers de vertes prairies ses
ondes argentées ; puis, quel calme partout !... quel
silence !... quelle solitude ! — le geai y fait seul entendre parfois son cri d'alarme.

Dans ces déserts pittoresques, en gardant ses vaches,
en agaçant sans doute aussi les échos de la vallée, le
jeune Lantara ressentit pour la première fois ce vif
amour de la nature, cet enthousiasme qui devait en
faire plus tard un peintre si attrayant (2).

Dans ces contrées, il médita à son aise durant de
longues journées, s'extasiant lorsqu'un soleil étincelant
apparaissait au sommet des rochers, ou que la blanche
Phébé glissait majestueusement au-dessus des grands
arbres.

La famille de la Renommière portait du reste un intérêt tout spécial aux Lantara, et lorsque, le 28 janvier
1743, Lantara le père se remaria dans l'Église de Notre-
Dame-de-Tousson, avec Françoise Leroy (16), Jean-
Baptiste Gillet (17), prêtre du diocèse de Paris, prieur
de Beaufort et frère du châtelain de la Renommière,
voulut être présent au contrat. Le petit vacher signait
également l'acte religieux de cette cérémonie, qui fut
dressé par M. le prieur Canet, curé d'Oncy, tenant
pour le curé de Tousson. A quatorze ans donc, malgré
son existence vagabonde, son éducation, si négligée,
Lantara savait écrire.

Peu de temps après ce mariage, M. Gillet de Laumont (17), étant venu au château de son père, fut

agréablement frappé, lui qui était un grand amateur des
arts, des dispositions artistiques qu'annonçait le jeune
pâtre d'Oncy ; il avait remarqué, en effet, en tous lieux
des esquisses hardies et révélatrices d'un talent précoce.
A cette époque, l'atelier de Lantara était partout; la nature lui servait éternellement de modèle ; un rocher, un
mur lui tenait lieu de toile ; comme Archimède, il cher-
chait jusque sur le sable la solution de ce grand pro-
blème qui s'appelle l'art.

M. de Laumont emmena donc avec lui, à Paris, le
vacher de son père. Il le plaça d'abord chez un peintre
de Versailles (14) dont le nom est malheureusement
resté inconnu.

Lantara fit en peu de temps de rapides progrès et
vint bientôt à Paris se mettre au service personnel d'un
artiste qui lui payait ses gages en leçons de peinture.
Voici, au dire de la tradition (18), ce qui lui serait ar-
rivé pendant qu'il habitait cette maison. Un jour le peintre était sorti, après avoir expressément recommandé à
Lantara de ne laisser monter personne dans son atelier
pendant son absence; il travaillait, en effet, à un tableau
qu'il voulait soustraire à tous les regards. Le premier
soin du jeune homme abandonné à lui-même, fut de
monter à l'atelier de son maître pour examiner à son
aise l'objet qu'il entourait d'un si grand mystère, puis,
cédant à une de ces inspirations qu'on ne saurait qualifier, il s'arma de la palette et des pinceaux que l'artiste
avait laissés là. En un clin d'œil il eut déposé sur la
toile une mouche d'un parfait naturel étant tout aussi

indiscrète que lui-même. De retour dans son domicile, le peintre court à son ouvrage et scandalisé de voir qu'une mouche se pose impudemment sur son tableau, il fait de vains efforts pour la chasser ; il l'examine alors avec plus d'attention et reconnaît la supercherie. Quelqu'un évidemment, forçant la consigne, a pénétré dans le sanctuaire. Lantara est appelé, et, tout tremblant en présence de son maître courroucé, il avoue ingénuement sa faute. « Tu appelles cela une faute, réplique alors l'artiste en serrant la main de son élève ; tâche de n'en jamais commettre de plus grandes. » Cette réponse ne rappelle-t-elle pas la prédiction faite à Poisson, encore enfant, par un de ses examinateurs : « Petit poisson deviendra grand. » Toutefois le docteur Hamouy, de qui je tiens ce récit, n'a pu me dire si la mouche avait été conservée.

LANTARA A PARIS

« Le peu de renseignements qui nous sont parvenus
« sur Lantara, — dit M. Charles Blanc (1), — ont fait de
« lui un de ces êtres que semble avoir créés la fantaisie,
« un personnage de convention, un type. Son nom est
« dans toutes les bouches; il est connu de tous les ama-
« teurs, de tous les marchands d'estampes et de bric-à-
« brac, et il n'est imprimé presque nulle part. »

Rien de plus juste que cette appréciation; il est fort
difficile, en effet, si l'on ne veut avancer que des asser-
tions positives, de faire une longue biographie de Lan-

tara. Cet artiste « presque ignoré » (19) fut peu connu des gens de lettres, pas même de Diderot. L'année littéraire n'a pas seulement mentionné son nom ; il n'exposa jamais ; comme Piron enfin... il ne fut rien. Sa vie, toute contemplative, lui faisait rechercher la solitude, et ses habitudes d'enfance l'entraînaient dans une société de bas étage. En présence d'un pareil dénûment de faits sérieux, nous continuerons notre tâche au point de vue où nous l'avons entreprise, enregistrant scrupuleusement les détails authentiques que nous aurons eu le bonheur de rencontrer et qui nous permettent de jalonner, en quelque sorte, l'existence de notre héros.

Lantara, le père, était devenu veuf pour la seconde fois, par la mort de Françoise Leroy arrivée à Tousson le 19 janvier 1765 (20), et, quoique âgé de soixante-quatre ans, il se remaria le 4 août 1766 avec Marie-Anne Hautefeuille, veuve Pierre Martel, de Jolainville (21). On doit supposer que le père et le fils avaient toujours vécu en bonne intelligence, car notre peintre quitta son logement de la rue de la Monnaie pour être témoin, au lieu seigneurial de la Renommière, du troisième mariage de son père sexagénaire qu'assistait également le propre frère du marié, oncle de notre héros, Cosme Lantara, manœuvrier à Oncy.

Il faut convenir qu'il y a dans la vie de l'homme de curieux contrastes et que le gueux Simon-Mathurin était singulièrement placé dans la rue de la Monnaie. Madame Élisa Latour de Warrens avait oublié de nous dire, dans sa gracieuse histoire du quartier et de la rue de la Monnaie, que notre pauvre peintre l'avait habitée en 1766.

Lantara fut un locataire très-inconstant, fut-ce par goût, fut-ce par nécessité? c'est ce que nous ne saurions décider ; mais après avoir habité la rue du Chantre (22) et celle de la Monnaie, nous le retrouvons en 1756 à la barrière du Temple, non loin de la fameuse foire Saint-Laurent (23) ; en 1757, dans la rue de la Vieille-Draperie au coin de laquelle était jadis la maison du père de Jean Châtel (24) ; en 1773, à l'hôtel de Genève, rue de Beauvais, — le vicus de Biauvoir de 1372 (25) ; enfin, nous verrons plus tard qu'il habitait, dans l'année de sa mort, 1778, la rue des Déchargeurs.

Ayant perdu son père, le 5 juin 1773, Lantara se rendit à Milly dans les premiers jours de la même année, pour transiger (26) avec sa belle-mère survivante, sur les droits auxquels la mort du tisserand d'Oncy donnait ouverture en sa faveur.

Il était descendu à l'auberge de la Corne, un créancier l'accompagnait ; c'était le sieur Henri Cochegune, bourgeois de Paris, qui fit vendre toutes les récoltes de la succession pour se rembourser de ce qui lui était dû.

Lantara donna à cette même époque, pour louer les terres qu'il avait recueillies dans la succession de ses parents, la procuration d'où nous avons extrait le *fac-simile* qu'on voit en tête de cette brochure (47).

Ne possédant ni frère ni sœur, Lantara était désormais seul au monde ; il lui restait ses crayons, ses pinceaux, sa huppe, ses créanciers et 30# de rentes.

Ici, s'arrête la série des documents à l'appui desquels nous pouvons offrir des dates et des titres certains.

LE VAUDEVILLE DE 1809 (46)

Le lundi soir, 2 octobre 1809, la salle du Vaudeville était trop petite pour contenir les spectateurs qu'attire habituellement l'annonce d'une première représentation; — qu'y avait-il donc sur l'affiche? *Lantara ou le peintre au cabaret*, vaudeville en un acte, par . . ., ah! c'était une énigme; on hésitait entre Jean-Louis-Pierre de Saint-Yvon ou « des gens d'importance tout au moins (27). »

On apprit seulement plus tard que Picard avait composé cette pièce, que Barré, Radet et Desfontaines, avaient fourni les couplets du vaudeville.

« Le caractère de Lantara est noble, ce rôle est très-
« bien joué par Joly, un des meilleurs acteurs de ce

« théâtre ; il y a dans la pièce du bon esprit, presque
« point de calembourgs, plusieurs traits de bonne co-
« médie, de fort jolis couplets ; on en a fait répéter
« trois ou quatre. Ce vaudeville mérite l'accueil favo-
« rable qu'il a obtenu (27). » — Voilà comment s'ex -
primait la critique de l'époque.

Nous croyons à propos de nous arrêter sur ce vaudeville, dont la vogue contribua à rendre populaire le nom
de Lantara ; — d'ailleurs nous trouverons l'occasion,
tout en procédant à notre compte-rendu, de placer
quelques observations dont le lecteur appréciera la
portée.

Occupons-nous d'abord du titre de la pièce.

Lantara ou le peintre au cabaret. — Cet intitulé a
confirmé beaucoup de personnes, qui n'ont pas pris
la peine de réfléchir, ou de faire la part des usa-
ges du temps, dans l'opinion que **Lantara** était un
ivrogne.

Il est bon de faire observer qu'autrefois les cafés
n'existaient pas ; les plus honnêtes gens alors allaient
au cabaret ; le bel esprit Chapelle « homme de bonne
compagnie » était habituellement ivre ; Piron, Crébil-
lon, Vadé, Collé, Panard allaient au cabaret ; le marquis de Mirabeau connaissait des gentilshommes qui ne
désenivraient pas (28).

Où se passe, d'ailleurs, l'action du vaudeville de 1809 ?
Est-ce bien au cabaret, dans le sens qu'on prête aujourd'hui à ce mot ? Non. — Lantara se trouve dans le
choli établissement de **M. Fribourg**, le suisse du Jardin-

des-Plantes. Dans quel but y vient-il?... Dans le but de parler affaires avec un marchand de tableaux, le juif Jacob. Quelle est la carte du déjeûner qu'il commande à madame Fribourg, — que sa mise, hâtons-nous de le dire, ne rassure pas trop ? — Pigeons à la crapaudine, côtelettes en papillotte, rognon au vin de Champagne, vin de Beaune. Et quand le brocanteur arrive, que lui dit-il ?

> « Je viens pour donner, non pour vendre,
> « Mais promettez-moi d'accepter.

Jacob, en véritable Israélite, répond :

> « Ce qu'on daigne me présenter,
> « Je suis toujours prêt à le prendre.

Le peintre réplique :

> « A Monsieur votre fils, je veux
> « Donner ma fille en mariage;
> « Ce n'est pas mon dernier ouvrage,
> « Mais c'est ce que j'ai fait de mieux.

Le marchand trouve la mésalliance un peu forte! Lantara lui répond alors :

> « Je le dis avec amertume,
> « J'ai donné *mes dessins pour rien*.
> « Tu me reproches mon costume,
> « Moi, je te reproche le tien;

« A ta fastueuse élégance,
« J'ai contribué comme un sot ;
« Crois-moi, prends ma fille sans dot,
« Pour l'acquit de ta conscience. »

Ce n'est pas d'aujourd'hui, comme on voit, que Bertrand croque les marrons que Raton tire du feu.

Jacob reste sourd, et quitte l'artiste pour aller manger une matelotte à l'*Arc-en-Ciel*, avec trois confrères, c'est-à-dire trois fripons de son espèce.

En proie à ses tristes réflexions, Lantara chante alors ces deux couplets fameux que chacun connaît :

Ah ! que de chagrins dans ma vie !
Combien de tribulations !
Dans mon art, en butte à l'envie,
Trompé dans mes affections !
Viens m'arracher à la misanthropie,
Jus précieux, baume divin !
Oui, c'est par toi, par toi seul que j'oublie
Les torts affreux du genre humain.

A jeun, je suis trop philosophe,
Le monde me fait peine à voir ;
Je ne rêve que catastrophe,
A mes yeux tout se peint en noir.
Mais quand j'ai bu, tout change de figure,
La riante couleur du vin
Prête son charme à toute la nature,
Et j'aime encore le genre humain (29).

Sur les entrefaites arrive le modèle de Lantara , —

Belle-Tête, — qui prend la place destinée à M. Jacob, puis maître et poseur déjeunent ensemble, ce qui revient à dire que Belle-Tête mange tout lui-même.

Le quart-d'heure de Rabelais arrive : il s'agit de solder la carte *payante*, s'élevant à neuf livres... Lantara est sorti sans argent ; Belle-Tête n'a que le reste d'une pièce de vingt-quatre sols, — que faire?... Rien de plus simple ; Belle-Tête posera, Lantara dessinera, et M. Jacob payera.

Le dessin est achevé ; on l'expédie à l'*Arc-en-Ciel*. Au lieu d'un louis, M. Jacob n'en veut donner que douze livres ; le dessin est rapporté à l'artiste qui, pour toute réponse,... le déchire. Madame Fribourg se désole, la carte ne sera pas payée. Lantara lui réplique sans s'émouvoir : « Est-ce que vous n'avez plus de papier. »

La fille de Lantara et le fils de M. Jacob vont donc se dire un éternel adieu ; ils ne peuvent se résoudre à cette séparation, qui est pourtant devenue nécessaire ; l'artiste met cet attendrissement à profit ; Belle-Tête devient pupitre, un carton est posé sur sa tête, et le peintre a bientôt terminé un tableau qui représente « *le désespoir de deux amants aussi intéressants qu'infortunés.* » On expédie ce nouveau travail à Jacob.

« Qu'il vous en donne deux louis, — recommande « Lantara,—et n'oubliez pas de lui dire ce que j'ai fait « du premier. »

« Comment deux louis! — reprend M. Fribourg,— « c'est juste ; dans l'autre, il n'y avait qu'un vieux « visage; ici, il y a deux figures. »

Cette fois, les quatre marchands accourent en toute hâte, une enchère s'établit; le tableau est poussé jusqu'à cinquante écus! Lantara met un terme aux débats.

« Messieurs, vous connaissez bien peu Lantara, leur « dit-il, ma parole est sacrée; j'ai mis moi-même « le prix à mon dessin : M. Jacob l'aura pour deux « louis. »

Jacob réplique : « Je lui propose plus que vous ne « pourriez lui donner; qu'il s'engage à ne travailler que « pour moi, et je lui donne mon fils pour sa fille. »

Lantara ajoute :

> Je leur donne vingt mille francs,
> En tableaux..... à faire.

Le vaudeville finit donc par un mariage, — rien de mieux. Le public fit répéter à M. Jacob son couplet sur l'écot, qui termine la pièce :

> Malgré les fréquents reproches
> Des mamans et des maris,
> Nos élégantes sans poches
> S'en vont partout dans Paris.
> Cette mode chez les femmes,
> Contre nous est un complot;
> Car partout, avec ces dames,
> Il faut payer leur écot.

Carle Vernet a retracé le portrait et le costume de Joly, qui remplissait le rôle de Lantara. On raconte (30) que ce comédien, doué d'une excessive facilité pour exécuter tout ce qu'il entreprenait, s'était fait remarquer *par une originalité dans la scène où il dessine sur la tête de son poseur le groupe des deux amants ; il le dessinait réellement en scène avec beaucoup de promptitude, et souvent des amateurs se disputèrent ce croquis comme une curiosité à laquelle ils attachaient du prix.*

Telle est la pièce ; les lecteurs ont sans doute remarqué déjà qu'elle renferme certains traits inexacts, mais « …. c'est un méfait du vaudeville, de cet enfant né malin qui, quand il touche à l'histoire ou à la biographie, prend de bien étranges licences (31). »

D'abord, Lantara n'avait pas de fille, car il mourut célibataire ; nous pensons toutefois avoir découvert la source de cette erreur ; nous tenons le récit qu'on va lire d'une personne bien informée (18). Lantara portait un grand intérêt à un jeune homme sans fortune qui s'était sérieusement épris de la fille d'un marchand de tableaux avec lequel le peintre se trouvait en fréquents rapports de commerce ; il se hasarda un jour à demander à ce dernier la main de sa fille pour son protégé ; sa proposition fut rejetée avec fierté. Lantara composa alors un charmant paysage dont le sujet était emprunté aux environs de Paris ; un artiste de ses amis lui prêta le concours de son pinceau pour représenter sur le premier plan, avec ressemblance, les deux amants se jurant une fidélité éternelle. L'ouvrage achevé, Lantara menaça le père inexorable, s'il ne voulait pas consentir au mariage, de porter le tableau chez un autre marchand, son voisin. —Je ne saurais affirmer que le mariage ait été conclu.

Messieurs les vaudevillistes auraient donc pu très-facilement, et avec de bien légers changements, concilier les exigences de la scène avec la vérité.

Ensuite, Lantara n'était point un peintre de figures; il savait si peu faire les *bons hommes*, qu'il les envoyait à la messe pour s'en débarrasser, et un seigneur de l'époque eut la cruauté d'exiger qu'ils en sortissent avant que d'acheter un paysage délicieusement exécuté d'ailleurs (32). Taunay, Demarne, Joseph Vernet, Berré, Bernard et Casanova furent souvent les collaborateurs de Lantara pour la confection des figures (1).

Enfin, pourquoi n'avoir pas substitué un gâteau d'amandes, une tarte à la crême, du café au lait, aux pigeons à la crapaudine, aux côtelettes et aux rognons au vin de Champagne? C'est un bien petit détail, me répondra-t-on; et ce détail, pourtant, est le complément du caractère de ce personnage. On ne peut s'empêcher de constater la différence qui existe entre la friandise et la gloutonnerie.

Cette friandise eut d'ailleurs de singuliers résultats; elle enrichit le limonadier Dalbot, près du Louvre, qui, avec des bavaroises et du café au lait, obtint une belle suite de dessins de Lantara; son propriétaire de la rue du Chantre se procura également, en échange de petits pâtés, une collection de tableaux et de dessins qu'il eut le talent de vendre très-cher.

L'ensemble du caractère de Lantara est bien rendu

dans le vaudeville que nous venons d'analyser ; on doit supposer que les auteurs avaient connu le pauvre peintre, autant que cela était possible, avec le genre de vie qu'il avait adopté.

Désintéressement, loyauté, insouciance, naïveté spirituelle, tous ces traits se rencontrent dans la pièce ; on les retrouve également dans le portrait de Lantara, dessiné par feu M. le chevalier Lenoir.

APPRÉCIATION

Après avoir entretenu les lecteurs de Lantara, considéré comme artiste, il nous reste à en parler comme homme-privé, et à réunir dans un seul chapitre les différents documents qui peuvent servir à faire apprécier son caractère ; il ne nous a pas toujours été permis, malheureusement, d'offrir à l'appui de nos dires des témoignages satisfaisants, et plus d'une fois nous avons été obligé d'accepter purement et simplement la tradition.

Nous voudrions surtout pouvoir réhabiliter complétement la mémoire de Lantara en ce qui touche le reproche d'ivrognerie qu'on s'est généralement accordé à lui faire.

Sans prétendre dire, avec M. Aycard (31) : « Lantara « n'a bu que de l'eau, » ou avec M. Roux du Cantal (34), qui (M. Ch. Blanc le fait observer avec raison) (1) ne cite aucun témoignage à l'appui de son assertion : « Il était « d'une austérité rare dans ses mœurs… un La Fontaine « dans son genre… Dès longtemps devenu faible, dé- « licat et mélancolique, les petits gâteaux et quelques « gouttes de café pouvaient seuls stimuler son appétit, « et ce fut en quoi consista toujours sa principale nour- « riture. » Sans prétendre, disons-nous, à proclamer dans Lantara une pareille austérité, nous affirmerons avec l'énergie que prête la conviction, que Lantara ne fut point un ivrogne dans la déplorable acception de ce mot. L'homme qui sentait si vivement, que les beau- tés de la nature impressionnaient à un si haut degré, qui « pleurait d'admiration (33) » en extase sur le Pont- Neuf devant le coucher du soleil, qui fut accusé d'avoir mis le feu à une ferme pour jouir du coup-d'œil (35) !… cet homme-là ne pouvait être un ivrogne dégoûtant, un être abruti ; et le fait de la ressemblance de ses lèvres avec celles de Socrate n'est pas un argument suffisant pour le convaincre et l'entacher du vice qui déshonora le grand philosophe.

« C'était le plus aimable ivrogne de tous les cabarets « de la terre ; il avait le vin généreux, — nous dit « M. Houssaye ; — le vin créait pour lui les rêves de « l'opium, car son ivresse était sereine, assoupie, rê-

« veuse, sinon poétique comme celle d'Hoffmann, du
« moins douce et souriante. Si Lantara eût passé à étu-
« dier le temps qu'il a passé à boire, il fût devenu une
« des gloires du paysage français (36). »

Lantara, malgré le talent et les efforts de son histo-
riographe pour présenter sous le jour le plus favorable
un défaut qui dépare le talent, est bien certainement,
après tout, pour M. Houssaye, un ivrogne.

M. de la Renommière, — et il était en position d'être
bien informé, — s'exprime ainsi au sujet de l'accusé
dont nous avons entrepris la défense : « Lantara, paysa-
« giste célèbre, qui, s'il n'avait pas eu des habitudes si
« triviales, serait devenu plus célèbre encore (14). »

Nous ne voulons assurément pas jouer sur les mots,
mais il nous semble que cette épithète *triviale* décernée
au pauvre paysagiste, n'est pas absolument synonyme
de celle d'*ivrogne*.

M. de la Renommière a voulu constater qu'en acqué-
rant du talent, Lantara n'avait pas changé de manière
de vivre; que l'artiste avait conservé les goûts et les
habitudes du pâtre. S'il préférait au salon un cabaret
borgne, ce n'était pas pour y venir boire sans soif, mais
bien parce qu'il se trouvait plus à l'aise dans la compagnie d'hommes de petite condition, n'imposant aucune
gêne à ce caractère qui la redoutait pardessus tout, qui
acceptait un jour, — dit-on, — avec reconnaissance,
d'un grand seigneur qui l'avait invité à dîner, un gros
écu en échange de l'honneur de s'asseoir à une table
entourée de gentilshommes et de femmes charmantes,

à cet artiste indolent « qui peignait le moins possi- « ble (32), » mais qui a toujours gardé « l'inaltérable « amour de la nature et le sentiment de l'art (1). »

Oui, nous vous l'accordons, monsieur Blanc, Lantara « fut un incorrigible rêveur, un artiste insouciant, fan- « tasque, fainéant et gueux... » mais un buveur incorri- gible!!... celui qui, — comme vous le dites avec tant de grâce, — « allait faire sa cour à l'aurore parmi le « thym et la rosée!... » voilà ce qu'il est par trop péni- ble d'admettre.

Jacqueline, la joyeuse fruitière de la rue Saint-Denis, qui chantait sans cesse, aurait réussi à fermer pour tou- jours à son amant la porte du cabaret, si elle eût vécu plus longtemps; elle exerçait un si grand ascendant sur ce caractère d'enfant qui avait besoin d'un guide!

Plus généreux et plus délicat que J.-J. Rousseau à l'égard de Mme de Warrens, Lantara n'oublia jamais les bienfaits de son aimable maîtresse; il respecta sa mémoire et, dans sa plus grande détresse, il refusa de vendre un paysage qu'il avait composé au temps où Jacqueline chantait.

A ceux qui s'étonnaient qu'il ne voulût pas se dessai- sir de ce tableau pour un bon prix, quand tout lui man- quait, il répondait avec naïveté : « Vous n'entendez « donc pas chanter Jacqueline dans ce paysage (31)? » Belle religion que celle du souvenir!

Et voilà l'homme généreux qu'on voudrait représen- ter comme un ivrogne ; mais M. Lenoir, qui l'a connu, n'a-t-il pas formellement écrit :

« Il était du nombre des artistes Hollandais qui, à
« l'exemple des Italiens, trouvent le parfait bonheur
« dans le fameux *far niente*…. On lui a reproché son
« ivrognerie, LE FAIT EST FAUX (33). »

Nous ne saurions trop le répéter, Lantara n'était que
friand.

La pauvreté était sa véritable muse inspiratrice ; dès
qu'il possédait un écu, il ne pouvait plus rien faire. Il
n'était pas honteux de proposer quatre sous d'à-compte
au créancier qui lui en avait prêté vingt-quatre (33).

« Enfin, j'ai secoué mon manteau d'or, » s'écriait-il
un jour, en rentrant joyeux au cabaret, après avoir
essayé, — mais en vain, — de l'hospitalité que lui avait
offerte un grand seigneur (37) dans son hôtel.

On se rappelle la réponse que fit au financier le save-
tier de la fable :

> Rendez-moi, lui dit-il, mes chansons et mon somme
> Et reprenez vos cent écus.

Lantara appartenait à la même école.

Outre l'oisiveté, les friandises, le soleil, la médita-
tion, les clairs de lune et Jacqueline, Lantara aima encore, mais avec tendresse, des huppes, ses fidèles com-
pagnes. Qu'y a-t-il d'extraordinaire dans une pareille
passion ? N'est-ce pas un besoin pour l'homme sensible
de s'attacher aux êtres qui l'entourent ? Un spirituel
critique, Jules Janin pour tout dire, n'a-t-il pas pro-
fessé de nos jours un amour tout particulier pour son

cardinal, qui s'endormait, le gâté qu'il était, — dit M. Amédée Achard, — « un soir sur Racine, le lende- « main sur Fénelon ; » pour ce cher oiseau, « qui au- rait été feuilletoniste s'il n'avait pas été cardinal et mourut aveugle comme Milton. » L'auteur de *la Reli- gieuse de Toulouse* n'a-t-il pas plus tard reporté son af- fection sur l'ara, le perroquet si connu à l'heure où nous écrivons, et pour cause, des habitants de la rue de Vaugirard ?

Lantara avait de l'esprit sans s'en douter ; quelques- unes de ses réparties, que nous avons rapportées, le prouvent. La chanson qui va suivre, et dont on lui at- tribue généralement la composition, vient encore à l'ap- pui de notre assertion.

A boire je passe ma vie,
Toujours dispos, toujours content ;
La bouteille est ma bonne amie
Et je suis un amant constant.
Au cabaret j'attends l'aurore,
Du vin tel est l'heureux effet.
La nuit souvent me trouve encore } *bis.*
Me trouve encore au cabaret.

Si frappé de quelques alarmes,
Mon cœur éprouve du chagrin,
Soudain on voit couler mes larmes.
Mais ce sont des larmes de vin.
Je bois, je bois à longue haleine,
Du vin tel est l'heureux effet.
Le malheureux n'a plus de peine } *bis.*
N'a plus de peine au cabaret.

Si j'étais maître de la terre
Tout homme serait vigneron ;
Au Dieu d'amour toujours sincère,
Bacchus serait mon cupidon,
Je ne quitterais plus sa mère,
Car de la cour un juste arrêt
Ferait du temple de Cythère   } *bis.*
Oui de Cythère un cabaret.   }

Auteurs qui courez vers la gloire
Bien boire est le premier talent,
Bacchus au temple de mémoire
Obtient toujours le premier rang.
Un tonneau voilà mon pégasse,
Ma lyre un large robinet,
Et je trouve le Mont-Parnasse   } *bis.*
Le Mont-Parnasse au cabaret.   }

Certains auteurs ont cherché un rapprochement entre le caractère de Lantara et celui de La Fontaine — qui, à table, dans le tête-à-tête, et partout où il se plaisait, était l'homme le plus enjoué, le plus aimable, au dire de madame Ulrich (38).

Nous ne saurions, pour notre part, après l'étude consciencieuse que nous avons faite du caractère de Lantara, accepter un rapprochement de ce genre. La Fontaine, il est vrai, avant de porter un cilice, avant de traduire en vers des hymnes sacrées, s'était abandonné à quelques écarts pendant sa jeunesse, mais c'étaient des écarts de jeunesse ! Et quels en étaient les compagnons habituels ? — Racine et Maucroix. — La Fontaine était né, d'ailleurs, dans une famille ancienne et bourgeoise ; il était l'élève des Oratoriens ; il alla au cabaret parce que c'était l'usage de son temps ; mais le cabaret ne fut pas son unique domicile, et les habitués des tavernes ne furent pas sa seule compagnie ; bien qu'il avouât comme une misère l'avantage d'être riche, il aima cependant à jouir de tous les avantages de la fortune ; il ne se déplaisait pas dans la société des Fouquet, des Sablière, des duchesse de Bouillon, des Montespan, des Thianges.

Un parallèle est-il possible, enfin, entre le gentilhomme servant de Marguerite de Lorraine, et l'insouciant amant de Jacqueline. Chez l'un comme chez l'autre, nous retrouvons seulement la même incurie du lendemain, la même naïveté, en prenant cette expression dans tout ce qu'elle a d'aimable.

Lantara a conservé toute sa vie les goûts et les habitudes d'un pâtre ; La Fontaine a ressenti les effets de la mode fâcheuse que les plus honnêtes gens de son époque avaient adoptée.

Résumons-nous : — Lantara était friand ; d'habitudes *très-communes*, comme on dirait aujourd'hui ; peu soucieux de la fortune ; sa sensibilité fut extrême ; doué de beaucoup d'esprit naturel, Lantara serait devenu un homme bien autrement supérieur s'il eût fréquenté la *bonne société* du xviiie siècle ; enfin, et nous avons hâte de le proclamer à la gloire de notre artiste, personne n'a poussé plus loin que lui le sentiment de la reconnaissance. M. de la Renommière reçut du pauvre peintre ces beaux tableaux si fort à propos qualifiés *Tableaux*

de la reconnaissance, et le célèbre avocat Gerbier (39),
pour avoir défendu gratis l'artiste pauvre, peu de temps
avant sa mort, dans le procès qu'il avait à la grand'-
chambre contre un fermier général d'alors, — accepta
quelques toiles, d'autant plus précieuses, que le talent
de Lantara était alors à son apogée.

Un traitant, après avoir acheté de Lantara huit tableaux pour 1,800 #, refusait d'en payer intégrale-
ment le prix convenu, il en sollicitait tout du moins la
réduction.

Le peintre d'Oncy fut donc exempt de cet épouvan-
table défaut qui a nom *ingratitude,* que les Perses, au
dire de Xénophon, punissaient avec la plus rigoureuse
sévérité et que le génie même ne saurait faire par-
donner.

L'HOPITAL

Atteint d'une maladie assez grave, Lantara s'était fait une fois transporter à la Charité, où il avait promptement recouvré la santé. « Le supérieur, — dit M. Lenoir (33), — le garda six semaines en convalescence. Il échangea avec le peintre, des dessins qu'il lui faisait faire sur des cartes contre des morceaux de sucre, des confitures et autres friandises. »

Toutefois, le 22 décembre 1778, se trouvant extrêmement souffrant, et dans le plus complet dénûment (40), Lantara quitta, pour n'y plus revenir, sa petite chambre de la rue des Déchargeurs (41). A midi il entrait de nouveau à l'hôpital de la Charité; à six heures, il y expirait âgé de 49 ans 9 mois (31).

Un confesseur s'étant approché de son lit de douleur, lui dit : « Vous êtes heureux, mon fils, vous allez passer à l'éternité et vous verrez Dieu face à face. » — « Quoi ! mon père, — reprit le moribond qui, jusqu'à sa dernière heure, conserva son caractère insouciant, — toujours de face et jamais de profil » (33).

Ce furent ses dernières paroles. Il reçut tranquillement l'extrême-onction et rendit son âme à Dieu.

Un bel esprit du temps composa à cette occasion un quatrain, où nous trouvons parfaitement résumée l'existence de Lantara, nous le consignons textuellement ici.

Ce quatrain figure au bas du portrait de notre héros, peint, d'après nature, par Vateau.

> Je suis le peintre Lantara,
> La foi m'a tenu lieu de livre ;
> L'espérance me faisait vivre ·
> Et la charité m'enterra.

Cette mort ajoutait au deuil de la France qui venait de perdre le philosophe de Ferney, celui de Genève, le grand tragique Le Kain, mort trop tôt pour jouer le principal rôle dans *Irène*, et l'ami de Bernard de Jussieu, le grand classificateur Linneus.

La peinture, la philosophie, le théâtre, la botanique, perdaient donc chacun une de leurs illustrations.

APPRÉCIATION ARTISTIQUE

Si nous avons rencontré de nombreuses contradictions ; si nous avons relevé des erreurs plus ou moins graves dans l'histoire de la naissance, et des premières années de Lantara , dans celle de sa famille, ou en pénétrant dans sa mansarde, enfin dans la recherche d'un portrait ressemblant de l'*homme* qui s'était toujours tenu éloigné de la société, — il n'en est plus de même à l'égard du jugement qu'on peut porter sur le peintre d'Oncy, et lorsqu'il faut qualifier le dessinateur, le coloriste, l'artiste.

Placés sur ce terrain, les hommes compétents sont d'accord.

Nous consignons donc ici quelques-unes des appré-
ciations les plus considérables.

« Le talent de Lantara offre beaucoup d'analogie
« avec celui de Claude Lorrain. — Ses clairs de lune
« sont admirablement beaux, — il exécutait avec pré -
« cision tous les effets possibles de la lumière réfléchie
« dans les eaux ou produits par la couleur du ciel
« même ; — semblable en tout à Claude Lorrain, il ne
« savait pas peindre les figures (33). »

« Il serait difficile de pousser plus loin que Lan-
« tara l'entente de la perspective aérienne ; aussi
« ses tableaux et ses dessins sont-ils très-recherchés ;
« il n'y a point de doute qu'ils le seraient encore da-
« vantage si l'on y trouvait un goût plus épuré, et si
« en général, sur les premiers plans, ils ne présen-
« taient des objets dont la petitesse fait disparate avec
« le reste de la composition : cependant, en laissant de
« côté les défauts qui n'ôtent rien au mérite du peintre
« comme coloriste, ses œuvres peuvent être étudiées
« avec fruit, et elles doivent faciliter singulièrement
« l'imitation des beaux effets de la nature (42). »

« Personne n'a mieux exprimé les différentes heu-
« res du jour ; il excellait dans la perspective aérienne,
« la vapeur de ses paysages approche beaucoup de

« celle de Claude Lorrain ; ses matinées respirent une
« fraîcheur ravissante (19). »

« Quels étaient donc ces tableaux, ces dessins qu'il
« échangeait si aisément contre de petits pâtés?...
« les plus beaux aspects de la nature ; les horizons
« lumineux ; les ciels empourprés du soir, voilà ce que
« Lantara peignait de préférence... son modèle c'était
« le soleil à toutes les heures du jour depuis la fraî-
« cheur de l'aube jusqu'aux incendies du couchant.
« Lantara était le Claude modeste et affaibli de nos
« climats tempérés... mais sa maladresse pour les figu-
« res lui fit emprunter souvent le pinceau de complai-
« sants camarades (1). »

« Lantara a possédé un talent précieux qui fait
« rechercher également ses dessins et ses tableaux.
« Ils sont en général d'une petite dimension, son co-
« loris est assez vrai et ses effets bien combinés ; son
« exécution est soignée (43). »

Nous terminerons la série de nos citations en reproduisant les lignes charmantes qu'on va lire :

« Lantara laisse quelques jolis paysages, mais
« surtout des dessins en grand nombre.

« Ses dessins, encore recherchés, sont à la pierre
« noire sur papier blanc, le plus souvent sur papier
« bleu rehaussé de blanc ; ses clairs de lune, pour
« la plupart admirables, sont toujours sur papier
« bleu.

« Une grande vérité de site, un ciel merveilleuse-
« ment nuagé, un feuilli agréable, des lointains légè-
« rement touchés, un heureux effet de lumière, voilà
« ce qui distingue ses dessins. Il exprimait, à ne s'y
« pouvoir tromper, le caractère de toutes les heures
« du jour. Ses matinées respirent une fraîcheur ra-
« vissante qui vous remplit de jeunesse ; ses après-
« midi, une agitation amoureuse qui vous va au cœur ;
« ses soirées, une mélancolie sereine qui éveille la
« rêverie ; ses soleils levants, ses soleils couchants,
« ses clairs de lune, portent l'empreinte d'un génie
« original (36). »

C'en est assez, ce nous semble, pour établir que Lantara n'était pas un dessinateur, mais bien particulièrement un coloriste qui excellait dans la reproduction des
différents effets de lumière. Ayant été à la même école
que Claude le Lorrain, — c'est-à-dire à celle de la
nature, — Lantara approcha souvent de l'auteur du
Débarquement de Cléopâtre. Il en demeura toutefois éloigné, — comme l'a dit avec tant d'à-propos
M. Blanc, — « de toute la distance qui sépare l'hé-
« roïque campagne de Rome de la familière banlieue
« de Paris. »

———

CATALOGUE

DES OUVRAGES DE LANTARA.

Il n'existe aucun tableau de Lantara dans les galeries
du palais de Fontainebleau ; on a fait naître cependant
bien souvent le pauvre peintre aux environs de la forêt
de *Bierre*.

Le Musée de Versailles ne possède rien non plus de
ce maître.

Le Louvre possède un *Soleil couchant* de Lantara
(n° 37), qui a été acheté en décembre 1846 par la di-
rection des Musées royaux, — puis un ravissant dessin
de cet artiste.

M. Delessert, dans sa collection, possède six tableaux de Lantara.

Un Soleil couchant. — Un paysage avec des rochers

4

sur la gauche, et la mer qui baigne ses bords éclairés par le soleil couchant ; une barque de pêcheur ; les figures sont de Taunay. Ce tableau fait partie du cabinet Perrin.

Un autre Soleil couchant. — A droite un immense rocher sur lequel sont construits de vieux bâtiments ornés de créneaux ; dans le fond on aperçoit une rivière et une ville.

Un Soleil levant. — Deux grands rochers occupent la gauche et le milieu du tableau ; à droite, dans le lointain, un village. Deux hommes et une femme à cheval.

Paysage avec un pont. — Une charrette de foin traverse le pont ; — masse de rochers avec château au sommet.

Paysage. — A droite un château avec des tourelles, un groupe d'arbres ; au milieu une rivière, un homme et une femme revenant de la pêche.

Vue d'un château, — avec des figures de Taunay. Ce tableau a orné la collection Mainnemare.

M. Jules Duclos possède un *Soleil levant* ; l'effet est d'une profondeur, d'un lumineux, d'un fond digne de Claude.

M. le docteur Roux possède un tableau dont le sujet est un clair de lune (1).

M. le comte Dufaure de Pibrac possède cinq originaux de Lantara, qui ont été achetés à la vente mobilière du duc d'Orléans, père du roi Louis-Philippe.

Ces dessins, dit M. de Pibrac, « lui ont été demandés plusieurs fois par des amateurs qui les avaient bien

« examinés. » L'un représente une nuit fort sombre, — le second, un clair de lune ; — le troisième, l'aurore ; — le quatrième, un moulin à eau au milieu d'un paysage ; — le cinquième, un joli petit village dans une vallée. »

« Ils sont de différentes dimensions ; cependant deux « par deux, excepté la *Nuit,* qui est presque un carré. » — Ces derniers sont au crayon noir ; deux ont un pied de long sur huit pouces de hauteur ; deux, quinze pouces de long sur sept pouces de haut ; le cinquième, représentant la nuit, a neuf pouces de long sur six de haut. Le *Clair de lune* et l'*Aurore* sont dessinés au crayon noir sur papier jaune ; — le noir domine, — Quatre seulement sont signés ; deux portent 1768, — deux autres 1778. — Le cinquième, sans date, et le plus estimé, est signé (44).

M. Théodore Villenave, homme de lettres, possède dans sa galerie deux charmants petits paysages de Lantara, peints en ovale sur cuivre. Ces miniatures, du fini le plus précieux, sortent de la collection de M. Riou, ancien magistrat, dont M. Villenave a été l'exécuteur testamentaire. Ils furent autrefois découverts par Henri, alors expert du Musée, et vendus fort cher. Ces deux chefs-d'œuvre sont peu connus du public.

M. Villenave possède en outre un beau dessin à la mine de plomb, de Lantara, qui a fait partie de la galerie Aguado (45).

M. Dumont, faubourg Saint-Antoine, est également propriétaire d'un paysage de Lantara.

Mme Charon, au château de Champanest, près Provins, possède deux très-beaux dessins de Lantara, au
crayon noir.

Un étalagiste des galeries de l'Institut en possède un
aussi assez remarquable.

Notre ami Georges Bonnefons, de l'Institut historique, a eu la bonté de feuilleter les catalogues de son
oncle, M. Bonnefons de la Vialle; il en résulte qu'il a
été vendu le 5 mai 1851, après le décès de M. Prous-
teau de Montlouis, un paysage de Lantara, traversé par
une rivière. — Au premier plan, de jolies figures par
M. Demay. — Le tableau est signé et daté de 1763; —
enfin un autre paysage, le 10 février 1851, après le décès d'Alphonse Giroux.

La Nappe d'eau. —Le soleil couchant se réflète dans
une rivière tombant en cascade au premier plan à gauche; à droite des rochers et des arbres, et, sur un plan
plus éloigné, on remarque un château-fort—toile haut.
45 centimètres, largeur 60 centimètres.

M. le comte de Dubarry possédait cinq tableaux qui
ont été vendus en 1774 au moment de la vente de son
cabinet.

Le prince de Conti possédait quatre Lantara qui furent vendus en 1777.

Dans le cabinet de Castelmore, dont la vente eut
lieu en 1791, il existait un tableau de Lantara représentant la vue d'un paysage dans lequel Casanova a placé
quelques figures et une vache.

Chez M. de Choiseul Praslin, il existait un tableau

de Lantara, représentant la vue d'un site de rochers baigné par la mer et orné de figures de Taunay; il a été vendu en 1809.

En 1812, à la vente de M. Solirène, ont figuré deux dessus de tabatière de trois pouces carrés représentant, l'un une fraîche matinée, l'autre un soleil couchant.

Feu M. de la Perrière, receveur des finances de la Seine, possédait trois tableaux de Lantara, un avec figures de Taunay; les autres représentaient des paysages ornés de figures.

En 1823, à la vente de Saint-Victor, il fut adjugé une *Tempête* de Lantara, un *Clair de lune* et un *Paysage* pris au moment d'un léger brouillard du matin, orné de trois figures par Bernard.

M. Didot possédait trois tableaux de Lantara : un *Moulin à eau*, avec des animaux de Berré, le *Coucher du soleil* et le *Lever de la lune*, avec figures de Taunay.

Dans la collection de M. Constantin, riche en dessins des plus grands maîtres, on remarque deux tableaux qui se font pendant, l'un représente une marine et l'autre un paysage. Ils sont reproduits dans les *Annales du Musée*. Vol. III, planches 6 et 7.

Un *Lever* et un *Coucher de soleil* connus dans la famille de la Renommière sous le titre de « Tableaux de la reconnaissance » et qui, à ce titre, avaient dû être exécutés par Lantara avec un soin tout particulier, sont malheureusement passés en Angleterre (14).

VALEUR

DES ŒUVRES DE LANTARA.

Un joli paysage sans figures, de cinq pouces sur sept, provenant de la vente du comte de Dubarry, fut vendu en 1774, moyennant 39 ₶ 10 s.

Deux autres, enrichis de figures de Casanova, s'élevèrent à 300 ₶.

A la vente du trésorier général de la caisse des amortissements, Blondel de Gagny (1776), deux tableaux de Lantara, de quelques pouces, furent portés à 100 ₶.

En 1777, quatre Lantara d'une très-petite dimension, que possédait le prince de Conti, furent vendus 450 ₶.

En 1791, à la vente du cabinet de Castelmore, un

tableau représentant la *Vue d'un paysage*, dans lequel Casanova a placé quelques figures et une vache, fut vendu 310 #.

En 1809, chez M. de Choiseul-Praslin, un tableau de Lantara, représentant la *Vue d'un site de rochers baignés par la mer*, et orné de figures de Taunay, fut vendu 260 fr.

En 1812, à la vente Solirène, deux dessus de tabatière, de trois pouces carrés, représentant, l'un, *une Fraîche matinée*; l'autre, *un Soleil couchant*, furent vendus 151 fr.

En 1817, chez M. Laperrière, receveur des finances de la Seine, un tableau de Lantara, avec figures de Taunay, fut adjugé 641 fr. — Deux autres, représentant des *Paysages ornés de Figures*, furent vendus 460 f.

En 1823, à la vente de Saint-Victor, *une Tempête* de Lantara fut poussée à 700 fr. — *Un Clair de lune*, à 143 fr. — *Un Léger brouillard du matin*, avec trois figures de Bernard, à 500 fr.

En 1829, à la vente Vigneron, un paysage de Lantara fut porté à 2,400 fr.

En février 1851, *la Nappe d'eau* de Lantara, provenant de la galerie d'Alphonse Giroux père, fut adjugée moyennant 320 fr.

PRINCIPAUX GRAVEURS

Piquenot, graveur, né à Rouen, en 1747, † à Paris, en 1808, a reproduit *la Nappe d'eau, les Chasses-marées* (deux est. en long).

Lebas, qui, en 1762, gravait les ports de France de Vernet, a donné *le 1er livre des vues des environs de Paris de Lantara* (12 feuilles en long).

Duret (P. J.), improprement appelé, dans quelques biographies, Daret ou Darcet, né en 1729 (la même année que Lantara), a gravé : *la Rencontre fâcheuse, — le Pêcheur amoureux, — le Berger amoureux, — l'Heureux baigneur* (quatre est. en long). Nous possédons une belle épreuve de cette dernière gravure.

————

PORTRAITS DE LANTARA

Les portraits de Lantara, « qui avait toujours vécu « en dehors de la société officielle, » sont rares. Nous avons éprouvé de grandes difficultés pour nous procurer celui qui est en tête de cette brochure; Vateau l'a dessiné d'après nature (48); tout nous porte donc à croire que son authenticité est incontestable.

M. Viel, fabricant de voitures à Paris, rue Vanneau, 50, nous en a fait présent. Mme veuve Joret, tante de Mme Viel, l'avait légué à sa nièce, chez qui elle vint mourir. M. Joret, en 1807, était encore maire de Choisy-le-Roi, « l'ancien Choisy-Mademoiselle, et le « théâtre des intrigues de Lauzun avec Louise d'Or- « léans. » M. Amédée de Bast se rappelle avoir vu, dans son enfance, chez **M. Joret**, quatre superbes dessins de Lantara. « Il est à craindre, — ajoute le spirituel écrivain, — qu'ils ne soient tombés entre des mains ignorantes ou sordides après la mort de **M. Joret (39).** » Malgré nos efforts récents, nous n'avons pu découvrir, même en consultant les héritiers de Mme Joret, ce qu'étaient devenus ces précieux originaux.

Le buste de Lantara, qu'on remarque dans l'escalier de la bibliothèque de la ville de Fontainebleau, est l'œuvre de **M. Adam Salomon** ; il a été exécuté d'après un dessin qui, — le sculpteur l'a appris depuis lui-même, — « n'était qu'une fantaisie d'artiste. » Il serait donc à désirer que ce buste, d'ailleurs bien fait, fût soustrait aux regards du public, pour ne pas perpétuer une erreur désormais bien avérée.

M. Adam Salomon a l'intention, au surplus, de faire un médaillon de Lantara, d'après l'estampe qui orne notre ouvrage, et que possède aussi **M. Grésy**, de la Société des Antiquaires.

Sat prata biberunt.

PREUVES

PIÈCES JUSTIFICATIVES

ÉCLAIRCISSEMETS HISTORIQUES

1

Histoire des peintres de toutes les écoles, par MM. Charles Blanc et Armengaud (Renouard, Paris, 1851).

2

Ladvocat, *Biographie* (1821). — le fait naître près de Montargis.

Biographie ancienne et moderne (1819), Bibliothèque de Melun. — dans un village près de Montargis, né en 1745.

Biographie universelle de Bouillet. — né à Montargis, 1745.

Biographie universelle de Lalanne (1844). — près Montargis, 1743.

Biographie universelle, Lebas (1843). — né à Montargis, 1745 ; ajoute que quelques personnes qui l'ont connu affirment qu'il avait 67 ans quand il mourut.

Biographie universelle, Feller (1834). — né dans un village près de Montargis, en 1745

Le chevalier ALEXANDRE LENOIR (*Dictionnaire de la conversation,* tome XIV, page 331, L). — né à Fontainebleau en 1710 ou 1711.

DULAURE (*Histoire des environs de Paris*). — né à Achères en 1745. — Dulaure, qu'on ne considère pas généralement comme un modèle d'exactitude dans ses récits, a cependant donné une appréciation remarquable des premières impressions ressenties par Lantara et de ses premiers essais dans la carrière artistique. « C'est là, dit-il en « effet, qu'un misérable vacher d'Achères (canton de la Chapelle-la- « Reine), a puisé le goût et fait les premiers essais d'un art où il est « parvenu à se faire un nom. Lantara se munissait d'une provision « de charbon, et pendant que ses vaches paissaient tranquillement, « il s'exerçait à dessiner, sur quelques roches unies, les différents « objets qui le frappaient le plus. Devenu ensuite garçon d'écurie « dans une auberge de Chailly, il en eut bientôt barbouillé toutes les « chambres. Enfin, un artiste ou un simple connaisseur qui passait « par hasard dans cette auberge, examinant sur les murailles de sa « chambre les traits de charbon qui la tapissaient, y entrevit des dis- « positions heureuses. Il emmena le garçon d'écurie, lui fit apprendre « le dessin et le mit dans un état où il eût pu faire les plus grands « progrès sans son malheureux penchant pour le vin, qui l'a perdu. »

Essais historiques de Seine-et-Marne. — La commune de Chailly est, dit-on, la patrie du peintre Lantara, né vers 1735. Ce fut au milieu des occupations rurales que se révélèrent les dispositions du célèbre paysagiste.

MICHELIN, *Essais historiques sur le département de Seine-et-Marne.* — Lantara est né à Achères.

CARRO, *Chroniques de Seine-et-Marne.* — Il y a longtemps que les peintres ont adopté le séjour de Chailly pour étudier les formes admirables des vieux arbres et les accidents si agrestes de la forêt. Lantara, jeune pâtre *du pays*, sentit tout à coup l'enthousiasme envahir son cœur en voyant sur leurs toiles, reproduits par un art magique, les beaux arbres qui abritaient son insouciante jeunesse.

CHARLES BLANC, *Histoire des peintres* (Paris, Renouard, 1851). — Né, dit-on, en 1745, aux environs de Montargis ou, plus vraisemblablement, à Fontainebleau.

ARSÈNE HOUSSAYE, *Les Peintres au cabaret. — Lantara. — Leroy.* (*Revue de Paris,* tome XI, novembre 1842). — Lantara, né à Fontainebleau ou près de Montargis.

Magasin pittoresque (Notices sur Fontainebleau, 3ᵉ année, 1835). — La beauté dés sites de la forêt de Fontainebleau inspira Lantara et fit d'un pauvre pâtre l'un des premiers peintres de son temps.

Chants et chansons populaires de la France. — Éloge du vin, couplets de la pièce de *Lantara*, musique de Doche père. Notices sur Lantara, par M. du Mersan. — Dans cet article, qui renferme d'excellentes choses et qui est malheureusement trop court, M. du Mersan avance que Lantara était né près de Montargis ou de Fontainebleau; mais il combat avec raison la fausse réputation d'ivrognerie qui lui a été faite.

Landon (*Annales du Musée*, tome III). — Lantara, peintre de Paris, mourut en 1775, âgé de 40 ans.

Patria, la France ancienne et moderne, morale et industrielle (Garnier frères). — Lantara (Simon-Mathurin), né près de Montargis, en 1745, mort à l'hôpital de la Charité.

3

Nous avons vu que dans la majeure partie des biographies, Lantara y est indiqué comme étant né à Montargis ou dans ses environs.

Nous avons recherché quelle avait pu être la cause de cette méprise, et nous pensons l'avoir trouvée. *Le père* du Lantara dont nous nous occupons avait un cousin-germain appelé Antoine Lantara qui, le 12 février 1709, épousa à l'église d'Oncy une demoiselle Baudry, fille d'un sieur Baudry, marchand potier à Montargis. Simon-Mathurin Lantara a donc très-bien pu être confondu avec Antoine Lantara.

' Girodet, qui ajouta à son nom celui de son père adoptif, le docteur Trioson, naquit en 1767 dans la ville de Montargis.

Élève de David, Girodet, en 1806, concourut avec son maître pour le prix décennal. Il eut la gloire de voir sa scène du *Déluge* préférée aux *Sabines*.

Le village de *Chalette*, situé à 2 kilomètres de Montargis, devait donc se contenter d'une telle illustration sans revendiquer la naissance de Lantara, qui ne lui appartient pas.

4

Milly, chef-lieu de canton du département de Seine-et-Oise, seize commnnes, arrondissement d'Etampes, à 2 myriamètres, 15 kilomètres d'Etampes, 7 myriamètres de Versailles, 16 kilomètres de Fontainebleau.

5

Le palais et la forêt de Fontainebleau. — Denecourt.

Acte devant M⁽ᵉ⁾ Périer, à Paris, le 17 décembre 1604.

7

Transaction devant M⁽ᵉ⁾ Thibault, à Milly, le 12 novembre 1607.

8

ACTE DE NAISSANCE DE SIMON-MATHURIN LANTARA LE PEINTRE.

Des Registres des actes de Baptêmes, Mariages et Sépultures de la paroisse d'Oncy (canton de Milly, Seine-et-Oise)

A été littéralement copié l'acte qui suit :

Sur celui de l'année 1729.

Ce vingt-quatre mars mil sept cent vingt-neuf,

A esté présenté à l'Eglise de la Paroisse d'Oncy, un garçon, né du matin, fils de Françoise Malvilain sa mère, fille non mariée de Martin Malvilain, que je soussigné Prieur curé d'Oncy ay reçu à l'Eglise sous le nom de Simon *Maturin*, que lui a imposé Mathurin Quineau M⁽ᵉ⁾ charron d'Oncy, parrain ; la marraine d⁽ᵉˡˡᵉ⁾ Louise Lespinette. Le dit enfant a été ondoyé par Jeanne Giboury veuve de Michel Marie, manouvrier qui nous a déclaré l'avoir ondoyé dans le cas de nécessité, ayant de nostre part fait et suppléé aux cérémonies et onction prescrites en pareil cas, le parrain ayant déclaré ne savoir signer.

Signé au Registre

Louise LESPINETTE, BOUCHER, PRIEUR curé.

RECONNAISSANCE DE SIMON-MATHURIN
COMME ENFANT LÉGITIME.

En marge du registre des actes de naissance de la paroisse d'Oncy, pour l'année 1729, est écrit le renvoi suivant comme complément de l'acte du 24 mars :

Simon Mathurin Lantara manouvrier de cette paroisse (L. avec paraphe).

Lequel dit Simon Lantara l'a reconnu pour son enfant par l'acte de célébration de ses noces avec la dite Françoise Malvilain, le vingt-cinq février mil sept cent trente-deux. — Signé BOUCHER.

9

ACTE RELIGIEUX DU MARIAGE DE SIMON-MATHURIN
LANTARA AVEC FRANÇOISE MALVILAIN.

Des registres des actes de Baptêmes, Mariages et Sépultures de la Paroisse d'Oncy (canton de Milly, Seine-et-Oise).

A été littéralement copié l'acte qui suit :

Sur celui de l'année 1732.

L'an de Jésus-Christ, mil sept cent trente deux le vingt-cinq février; après les fiançailles faites le vingt-trois courant, et publications des deux premiers bancs faites les dimanches au Prône, auxquelles il ne se serait trouvé aucune opposition ni civile ni canonique. Vu la dispense du troisième banc obtenue à Sens le vingtième février mil sept cent trente-deux, signé Morice, vicaire général et Amette, insinuée, enregistrée et contrôlée le dit jour et an, qui a été lue à haute et intelligible voix le dimanche dernier au Prône de notre messe paroissiale.

Je soussigné Prieur curé de la paroisse de St Martin d'Oncy diocèse de Sens.

Ay, en la dite Eglise interrogé.

Simon Mathurin Lantara d'une part.

Et Françoise Malvilain d'autre part, fille de Martin Malvilain et de Marie Meneux laboureur, habitants de cette paroisse, et leur consentement mutuel par moi pris, les ai solennellement par parole de présent, conjoints en mariage en la forme prescrite par notre Mère

*sainte Eglise, après que le dit Simon Mathurin Lantara a eu reconnu
pour son légitime enfant, le garçon né le vingt mars mil sept cent
vingt-neuf, de la dite Françoise Malvilain, baptisé et au dit acte nommé
Simon Mathurin.*

Présens le dit Simon Lantara qui a signé, Cosme Lantara son frère,
Mathurin Delaporte beau frère à cause de sa femme qui a déclaré ne
savoir signer, Claude Damoireau, Pierre Champion laboureur, cousin
germain à cause de sa femme, Mathurin Quineau Mᵉ charron, François Rivet cousin issu de germain qui n'a pu signer, Martin Rivet cousin issu de germain, Nicolas Darboux qui a déclaré ne savoir signer
d'une part.

Martin Malvilain père de la dite Epouse qui a déclaré ne savoir
signer, Simon Malvilain frère de l'Epouse qui n'a pu signer, Simon
Lecompte beau frère à cause de Geneviève Marie Malvilain son
épouse, sœur de la mariée, et Marie Malvilain sa sœur qui a déclaré
ne savoir signer d'autre part.

Ainsi signé au registre Lantara : avec paraphe, Champion, Martin
Rivet, Lecomte et Boucher.

ACTE CIVIL DU MARIAGE DE LANTARA AVEC LA FILLE MALVILAIN.

Acte Mᵉ Guittard, à Milly, le 15 février 1732.

10

Fils de Mathurin Lantara, vigneron, et de Marguerite Perroches,
d'Oncy.

11

Les auteurs qui ont écrit avant nous n'étaient pas d'accord sur la
profession du père de Lantara ; nous pouvons affirmer qu'il était tisserand ; qu'il prend cette qualité dans son contrat de mariage du
4 août 1766, reçu par Mᵉ Denize, à Noisy-Vaudoué. Il est encore
qualifié tisserand dans l'acte de son décès, inscrit le 5 juin 1773 sur
le registre de l'état civil d'Oncy ; nous pouvons ajouter qu'il était con-
cierge de madame de Foyal, à Nanteau-sur-Essonne (canton de la

Chapelle-la-Reine), vers 1760, ainsi qu'il résulte d'un acte de partage, reçu par Denize, le 24 août 1760. — M. Arsène Houssaye (V. 36), dans sa jolie notice sur Lantara, a donc avancé quelques inexactitudes; nous considérons comme un devoir de les relever : « On ne « sait rien, dit-il, de l'origine de Simon-Mathurin Lantara; on a dit « qu'il était né à *Fontainebleau* ou *près de Montargis*. Son *père* était « *un pauvre peintre d'enseignes venu du Piémont*, sa *mère une marchande à la toilette*. Il paraît que le *mariage* fut accompli *sans l'assistance du curé*. Cependant, selon le langage consacré, le ciel bénit « leur union, puisqu'ils *eurent des enfants en grand nombre*. » — Nous aurons occasion plus tard d'établir que Lantara père fut marié trois fois et que notre héros fut le fruit unique de ces différentes unions. — « J'aime mieux croire, dit encore M. Houssaye, que Lantara n'a eu pour *tout maître* que *son père le peintre d'enseignes*. « D'ailleurs Lantara connaissait, je ne sais comment, *peut-être par sa* « *mère*, une tante de madame du Barry, la Cantini, célèbre marchande à la toilette. »

<h2 style="text-align:center">12</h2>

PRÉCIS DE LA PROCÉDURE EXTRAORDINAIRE DIRIGÉE A L'OCCASION DE LA NAISSANCE DE SIMON MATHURIN.

Devant le bailly de la justice civile, seigneuriale et criminelle de Milly.

Par Françoise Malvilain, sa mère, demeurant à Oncy;
Contre Simon Lantara, vigneron, audit lieu d'Oncy.

(Extrait des archives du Greffe du tribunal civil d'Étampes.)

PREMIÈRE PIÈCE. — Déclaration faite, le 25 mars 1729, à Michel Lebeau, le plus ancien des procureurs du Baillage de Milly.

Agissant pour et en l'absence de M. le Bailly de Milly par Martin Malvilain, manouvrier à Oncy, tant en son nom que comme se portant fort de Françoise Malvilain sa fille;

De laquelle il appert : que celle-ci était accouchée la veille d'un garçon, qui a été nommé Simon Mathurin et dont le père, appelé Simon Lantara, vigneron à Oncy; pour se soustraire à la reconnaissance « que cet enfant était de ses œuvres, venait de fuir la Paroisse » qu'il priait M. le bailly de se rendre à Oncy, pour constater l'état de cet accouchement.

Sur cette invitation, M. Lebeau s'est immédiatement rendu près de l'accouchée, qu'il a trouvée dans un état de faiblesse tel, qu'il n'a pu recevoir d'elle la déclaration qu'il venait exprès chercher.

DEUXIÈME PIÈCE. — Ordonnance sur requête, délivrée, le 25 mars 1729, par M. Lebeau, qui autorise Françoise Malvilain « à prouver « que l'enfant dont elle était accouchée était le résultat des fréquen- « tations qu'elle avait eues avec Simon Lantara, et d'assigner ce der- « nier à cet effet. »

TROISIÈME PIÈCE. — Ordonnance sur requête, du 29 mars 1729, qui porte « que nonobstant l'absence de Lantara, les témoins pré- « sentés par la fille Malvilain seront entendus. »

QUATRIÈME PIÈCE. — Procès-verbal d'information dressé, le 30 mars 1729, par M. Lebeau, constatant que : Louis Aussière du Coudreau ; François Ganivet d'Oncy ; Marie Rivet, femme Favier ; Jacques Favier le jeune ; Geneviève Lantara, veuve Blaise Rivet ont été :

Individuellement et séparément entendus sur les faits des liaisons intimes qui ont existé entre ledit Lantara et ladite Malvilain. (Nous avons cru devoir ne pas mettre sous les yeux des lecteurs, la relation de ces étranges dépositions.)

Cette information close pour la demande en autorisation de faire appréhender ledit Lantara.

CINQUIÈME PIÈCE. — Ordonnance sur requête, du 2 avril 1729, qui accorde à Françoise Malvilain, pour élever l'enfant, une provision à faire payer à Lantara.

SIXIÈME PIÈCE. — Ordonnance du même jour, portant autorisation d'assigner Lantara, pour s'entendre condamner à être saisi au corps.

SEPTIÈME PIÈCE. — Sentence du même jour, qui autorise de prendre Lantara au corps.

HUITIÈME PIÈCE. — Assignation du 20 avril 1729, donnée à Lantara pour voir ordonner contre lui l'exécution de la prise de corps.

NEUVIÈME PIÈCE. — Sentence du baillage civil et criminel de Milly, mardi 17 mai 1829, qui donne défaut contre Lantara.

DIXIÈME PIÈCE (dernière). — Requête du 30 mai 1729, par laquelle ladite Malvilain demande l'autorisation de continuer à élever, nour- rir, entretenir son enfant, et à lui faire donner une profession en âge, le tout aux frais et dépens dudit Lantara.

Le 3 juin 1729, le bailly, par une sentence, condamne par corps Lantara défaillant à payer à ladite Malvilain, par forme de dommages et intérêts, la somme de 150 liv., outre et par dessus les 50 liv. de rovision qui lui ont été adjugés par la sentence du 2 avril (5ᵉ pièce).

Lantara toutefois ne s'exécutait pas; en conséquence, le 25 juillet 1729, la fille Malvilain, par le ministère de l'huissier Havard, fit procéder à la saisie réelle des biens que Lantara avait recueillis dans les successions de ses père et mère (partage Mᵉ Paulmier à Ury, canton de la Chapelle-la-Reine), le 26 mars 1727.

L'adjudication des biens saisis eut lieu au profit de Malvilain père; c'est ce qui explique « la rétrocession de ces mêmes biens consentie « par le sieur Malvilain à sa femme, à leur fille et à Lantara dans « l'acte de mariage de ces derniers devant Guittard à Milly, le 15 fé-« vrier 1732, que nous avons déjà cité. »

13

Cette maison est parfaitement décrite dans un acte de partage, reçu par Mᵉ Denize à Noisy, le 24 août 1760. D'ailleurs aucun doute ne peut exister à cet égard. La famille Malvilain ne possédait qu'une seule maison; Lantara fils la reçut dans son lot, comme héritier de sa mère; il la fit vendre par son père, le 2 octobre 1760, suivant acte Denize à un sieur Jacques Meneux, cultivateur à Oncy, moyennant 11 liv. de rente foncière et perpétuelle. Ce bâtiment est toujours dans la famille Meneux. Le propriétaire actuel, Jacques Meneux, troisième du nom, m'a dit : « Mon père accompagnait quelquefois, dans son enfance, mon grand-père quand il allait à Paris, payer la rente à Lantara fils; ils trouvaient ordinairement cet homme qui *peinturait si bien avec sa pupu* (huppe). (Voyage à Oncy, mars 1852.)

14

LETTRE DE M. LARENOMMIÈRE.

Dontilly (canton de Dannemarie), arrondissement de Provins (Seine-et-Marne), 11 décembre 1844.

J'ai reçu la lettre que vous m'avez fait l'honneur de m'écrire au sujet du peintre Lantara, fameux paysagiste du siècle dernier; je me fais un plaisir et un devoir de vous rapporter ce que j'ai toujours entendu dire à mes parents. Ma sœur, madame Demasnod, à laquelle j'ai lu votre lettre, est absolument d'accord sur les renseignements suivants, puisés, comme j'ai l'honneur de vous le dire, dans la tradition venue à nous de nos parents.

Lantara est né à Oncy ; il a été au service de mon grand-père, Gillet de la Renommière, comme vacher ; dans son enfance, ou plutôt au sortir de cette enfance, les traits, les figures qu'il traçait, soit sur les murs, soit sur les rochers qui abondent, vous le savez, dans le pays, donnèrent l'idée d'un talent qui ne demandait qu'à être développé. Mon aïeul s'employa à lui être utile. Mon oncle, Gillet de Laumont, frère de mon père, quoique bien plus jeune que lui, le servit sans doute. Il était grand admirateur des arts et des talents. Enfin j'ai dans mes papiers le reçu de deux tableaux, envoyés par mon père en Angleterre. Ces tableaux, faits par Lantara et donnés par lui à mon grand-père, étaient désignés dans la famille, comme les tableaux de la reconnaissance.

C'était, je crois, un lever et un coucher de soleil. Que sont-ils devenus ? Je n'en sais rien. Ils sont en Angleterre. Ils offrent toujours la preuve que mon aïeul a excité la reconnaissance de Lantara, par les soins qu'il a pris d'aider à développer ses talents.

« Voilà, Monsieur, ce que je sais sur ce paysagiste célèbre, qui, s'il n'avait pas eu des *habitudes si triviales*, serait devenu plus célèbre encore.

J'ai l'honneur d'être, etc.

GILLET DE LA RENOMMIÈRE.

15

Le château de la Renommière est situé sur la commune de Noisy-sur-École, canton de la Chapelle-la-Reine, département de Seine-et-Marne. Il en reste peu de chose aujourd'hui. Les dames de l'abbaye royale de sainte Bathilde de Chelles semblent en avoir été les premières propriétaires.

Il passa ensuite en la possession de M. Gabriel-Nicolas Langlois, écuyer, seigneur de la Renommière et gentilhomme servant de Son Altesse Royale, Monseigneur le duc d'Orléans.

Marguerite-Catherine Pinson, veuve du sieur Langlois, par son testament, du 6 avril 1731, légua cette terre à Pierre Gillet, ancien avocat au Parlement, bailly, juge civil, criminel et de police du baillage de Milly, enfin échevin de la ville de Paris.

La Renommière était un petit fief, Laumont en était un autre, tous deux dépendaient de la commune de Noisy

Depuis le 12 novembre 1844, la terre de la Renommière appartient à M. François Bourdin de Brie-Comte-Robert, qui l'a acquise moyennant 102,130 fr.

16

Contrat de mariage, devant Mᵉ..... — Françoise Leroy, veuve sans enfant, de Louis Goué de Tousson; aucun enfant n'est issu de son mariage avec Lantara.

17

La famille de la Renommière, ayant le plus contribué au développement du talent de Lantara, nous considérons comme un devoir de présenter ici sa généalogie; d'ailleurs c'est grâce à l'un de ses honorables descendants que nous pouvons fournir à nos lecteurs les précieux renseignements qu'on a trouvés consignés dans une lettre rapportée plus haut (V. 14).

M. Pierre Gillet, échevin de Paris, mort en avril 1773, avait un frère, Jean-Baptiste Gillet, prêtre du diocèse de Paris, prieur de Beaufort.

Il eut en outre deux fils : François-Pierre Gillet de la Renommière, major du régiment provincial de Strasbourg; François-Pierre-Nicolas Gillet de Laumont, lieutenant au régiment de Paris, en dernier lieu ingénieur des mines et grand amateur des arts.

François-Pierre Gillet de la Renommière eut un fils, auteur de la lettre déjà citée, du 11 décembre 1844, et qui est mort subitement en diligence dans un voyage qu'il faisait à Dontilly, le 11 décembre 1848.

Son fils, Alexandre-Helzéard-Auguste Gillet de la Renommière, habite aujourd'hui l'ancien prieuré d'Oncy.

18

Le trait qu'on vient de lire m'a été raconté par M. le docteur Hamouy de Pithiviers qui le tenait de son père, ancien notaire à Malesherbes, contemporain et ami de Lantara.

19

Mémoires secrets.

L'éditeur, et le continuateur des Mémoires de Bachaumont, était
Pidansat de Mairobert ; il en tira une partie des registres tenus jour-
nellement chez madame Doublet, demeurant dans une maison qui
fut remplacée par le passage Feydeau. —Ces registres étaient publics.
On allait y inscrire ou y apprendre des nouvelles. — Les Parasytes
avant de se rendre à un dîner allaient faire là leur provision, pour
égayer hôtes et convives.

Pidansat, peu de temps avant la révolution, s'est ouvert les veines
dans un bain.

20

Cette date est relatée dans une transaction, reçue par Mᵉ Dumont
à Milly, le 16 janvier 1766.

21

Acte Denize à Noisy-Vaudoué, le 4 août 1766. — Aucun enfant n'est
sorti de cette union.

22

Alexandre Lenoir. — Arsène Houssaye. — Charles Blanc.

23

« Fut présent le sieur Simon Lantara, garçon majeur, usant et jouis-
« sant de ses droits, peintre, demeurant à Paris, barrière du Temple,
« paroisse Saint-Laurent. (Bail devant Mᵉ Denize, notaire à Noisy, le
« 25 avril 1756.) »

24

Fait cette élection de domicile dans un titre nouvel, reçu M⁰ Miger, notaire à Milly, le 17 mai 1757.

25

Ce qui résulte d'un acte reçu M⁰ Dumont à Milly, le 8 août 1773, et d'une décharge devant M⁰ Bontemps, le 11 septembre 1773.

26

Acte M⁰ Dumont à Milly, le 3 août 1773.

27

Feuilleton du journal de *l'Empire*, mercredi 4 octobre 1809.

28

L'ami des hommes ou *Traité de la population*, par le marquis de Mirabeau, t. I.

29

Voir les *Chants et chansons populaires de France* à l'Éloge du vin, avec notice de Du Mersan (**V. 30** ci-dessous).

30

L'Éloge du vin dans les *Chants et chansons populaires de la France*, précédé d'une notice sur Lantara, par Du Mersan.

31

C'est donc à tort que M. Aycard, dans son feuilleton Lantara (journal *l'Estafette*, 28 janvier; 4, 11, 18, 25 février; 4, 11, 18 et 25 mars 1850) s'exprime ainsi : « A la mort de Raphaël, on fit la remarque que « le prince de la peinture avait expiré à trente-trois ans, comme le « Sauveur du monde. — Lantara aussi est mort à trente-trois ans! »

32

Un grand seigneur avait commandé pour sa galerie un paysage dans lequel devait se trouver une église. Notre paysagiste, semblable en tout à Claude Lorrain, ne savait pas peindre les figures. L'amateur auquel il présenta son tableau, après l'avoir terminé complétement, émerveillé de la vérité du site, de la fraîcheur du coloris et de la simplicité de la touche, n'y voyant pas de figures, lui dit : « Monsieur Lantara, vous avez oublié les figures dans votre tableau. — Monsieur, répondit naïvement le peintre, *elles sont à la messe. — Eh bien!* répliqua l'amateur, *je prendrai votre tableau quand elles en sortiront.* » — Alexandre Lenoir, *Dictionnaire de la conversation.* (Voir preuve n° 33.)

33

Dictionnaire de la conversation et de la lecture, ou *Répertoire des connaissances usuelles,* tome xiv, page 331. *Lantara.* Le chevalier Alexandre Lenoir. — M. Alexandre Lenoir, décédé à Paris en 1839, était, comme on le sait, fondateur de l'ancien Musée des monuments français ou des Petits-Augustins, occupé aujourd'hui par l'Ecole des beaux-arts.

34

Catalogue de Robert de Saint-Victor (1823). M. Roux (du Cantal).

35

Nous devons ce détail à M. Albert Lenoir, membre de la commission des monuments historiques au ministère de l'intérieur et fils du chevalier Alexandre Lenoir.

36

Revue de Paris, xie vol., nov. 1842. *Les Peintres au cabaret. — Lantara. — Leroy.* — Arsène Houssaye.

37

Ce grand seigneur était le comte de Caylus, de l'Académie des inscriptions et de l'Académie de peinture, mort en 1765. Il aida souvent les artistes de ses conseils et de sa fortune. Il nous a laissé les Vies de Mignard, Lemoine et Bouchardon.

38

Cette dame Ulrich était la femme d'un maître d'hôtel du comte d'Auvergne, frère du duc de Bouillon, chez lequel La Fontaine allait souvent dîner. « Le grand fabuliste, dit M. Walckenaër, ne sut rien refuser à cette dame, qui lui accorda tout. »

Il avait composé pour elle le joli conte du *Quiproquo*, qu'elle publia après la mort du poëte, avec une portion de la correspondance qu'elle avait eue avec celui qu'elle appelait emphatiquement *son ami*.

39

Nous tenons cet intéressant détail de M. Amédée de Bast, l'un des doyens de la littérature française, et l'auteur d'un article sur Lantara, inséré dans le journal *le Droit*, les 30 juin, 4 et 7 juillet 1850 (*Galeries du Palais-de-Justice. — Le Pilier des consultations. — Le Peintre dans l'embarras*).

M. de Bast aurait lui-même entendu rappeler ce fait par un ami de Gerbier, M. Parnajon, avocat au parlement, décédé en 1834, âgé de 93 ans, à Triel (Seine-et-Oise).

Nous sommes heureux de remercier en cette circonstance M. de Bast de sa bienveillante lettre du 15 janvier dernier, qui nous est parvenue par l'intermédiaire de notre ami Henri Armand, son collaborateur au journal *le Droit*.

Si le « modeste pastel » de M. de Bast, suivant sa trop modeste expression, renferme quelques inexactitudes que nous avons relevées dans le cours de notre notice, nous n'oublions pas que c'est aux indications de M. de Bast que nous devons le portrait d'après Vateau et le trait Gerbier, deux choses précieuses.

Voici ce que M. J. de Chénier, dit de Gerbier (*Tableau historique de l'état des progrès de la littérature française depuis* 1789) :

« L'avocat Gerbier a laissé d'imposants souvenirs. Ses mémoires imprimés ne donneraient de lui qu'une idée incomplète ; l'attitude, le maintien, le geste, un œil éloquent, une voix sonore et flexible, tout le servait au barreau. A ces parties essentielles, Gerbier joignait le don d'émouvoir, et l'on ne peut révoquer en doute sa supériorité, garantie par trente ans de succès, attestée même par ses émules, entre lesquels on doit remarquer Target et M. Treilhard. »

40

En effet, Lantara, personnellement, ne possédait pas une grande fortune, puisqu'il résulte d'un bail par lui consenti au sieur Meneux de tous les biens qu'il possédait (devant M⁰ Margantin, de Paris, le 19 septembre 1778), que ces biens consistaient en 5 arpents 33 perches, loués, moyennant un fermage annuel de 30 livres, au capital de 600 livres. Quant à ses tableaux, nous avons vu qu'il n'en sut jamais faire le trafic.

41

Lantara fait élection de domicile rue des Déchargeurs, dans un acte de vente par lui consenti à un sieur Delaporte d'Oncy, devant M⁰ Margantin, notaire à Paris, les 19 septembre et 4 octobre 1778.

42

DEPERTHES. — *Théorie du paysage*, ou *Considérations générales sur les beautés de la nature que l'art peut imiter*. Paris, 1818.

43

Annales du Musée, par LANDON, tome III. — Paysages et tableaux de genre.

44

Lettre de M. de Pibrac. Orléans, 20 mai 1847, rue Bretonnerie, 30.

45

Lettre de M. Théodore Villenave, homme de lettres. Paris, février 1852, rue du Cherche-Midi, 31.

46

Lantara, ou *le Peintre au cabaret*, vaudeville en un acte, par MM. Barré, Picard, Radet, Desfontaines, représenté pour la première fois à Paris, sur le théâtre du Vaudeville, le 2 octobre 1809.

47

Je soussigné Simon Mathurin Lantara héritier de feu mon père, donne plein et entier pouvoir à Mathurin Delaporte, laboureur à Oncy, de louer pour moi les biens et héritages provenant de la succession de ma méré et qui m'est propre, pour entrer en jouissance a la saint Martin d'hiver prochain, aux charges, clauses et conditions les plus avantageuses qu'il poura et suivant le prix des biens du pays, pour payer par le locataire la première année de jouissance à la saint Martin mil sept cent soixante quatorze, sans cependant être garant de l'insolvabilité du locataire, promettant l'avoir pour agréable.

A Milly le 3 aoux mil sesp cent soixente et treise.   Lantara.

Con^lé à Milly le six septembre
1773 quatorze sols.

Cette procuration est annexée à un acte devant Me Dumont, à Milly, du 8 septembre 1773, dans lequel le sieur Delaporte a agi comme mandataire « de Simon Mathurin Lantara peintre à Paris, rue de Bauvais hôtel de Génévève, paroisse Saint-Germain-l'Auxerrois. »

48

Le grand Watcau, né Valenciennes en 1684, mort en 1721, laissa deux neveux, peintres de mérite :

Vateau Julien, né à Valenciennes en 1691 ; Vateau Louis, né en 1731, mort en 1803. Ce dernier est vraisemblablement l'auteur du tableau dont nous offrons la reproduction au commencement de cette Notice.

Il est également probable que c'est de lui dont voulait parler Voltaire dans l'impromptu à M. B*** de Ciret, qui parut en janvier 1769 dans *le Mercure de France*, et commençant ainsi :

De ton Bernard
J'aime l'esprit,
J'aime l'écrit
Que de sa part
On vient de mettre
Avec ta lettre.
C'est un tableau
Fait par *Vateau*
C'est la peinture
De la nature.

Au moment de mettre sous presse, nous recevons de nouveaux documents sur Lantara ; nous pensons devoir les ajouter ici. Nous saisirons aussi cette occasion pour remercier M. Anatole de Montaiglon de ses bienveillantes communications.

M. Horsin Déon, dans son ouvrage intitulé : *De la Conservation et de la Restauration des tableaux* (Paris, Hector Bossange, 1851), a consacré une notice à Lantara ; nous y retrouvons au sujet de la naissance de l'artiste cette incertitude qu'enfin nous avons fait cesser. D'après l'ateur dont nous analysons le travail, Lantara serait né vers 1718 aux environs de Fontainebleau. M. Déon n'a point parlé de la réputation d'ivrognerie faite au pâtre d'Oncy ; mais il combat celle de paresse qui a, dit-il, « peu à peu acquis l'autorité, pour ainsi dire, d'une croyance populaire. » Nous qui avons également travaillé à réhabiliter la mémoire du pauvre peintre, qui nous associons à la louable intention dont était animé M. Horsin Déon (puisque nous voudrions voir *l'homme privé* estimé à l'égal de *l'artiste*), nous regrettons sincèrement que M. Déon n'ait pas apporté à l'appui de son dire un témoignage inattaquable. Nous empruntons à son ouvrage les noms de divers graveurs qui ne figuraient pas sur la liste que nous avons donnée ; ce

sont : Mouchy, Née, Beaugeon, Couché. Nous ferons remarquer également — d'après M. Déon — qu'il existe plusieurs eaux-fortes de Lantara lui-même. Enfin nous transcrivons littéralement l'appréciation
artistique de Lantara que nous partageons et qui se trouve (page 108)
dans l'ouvrage que nous venons de citer :

« Copiste fidèle de la nature, il est sans manière. Ses arbres sont
touchés avec légèreté et naïveté. Il est avare d'empâtement, il n'en
existe dans ses œuvres que sur les premiers plans, mais peu sentis.

« Quand il peint la marine, ses eaux sont très-transparentes, et ont
le flou de la peinture flamande.

« En un mot, ce peintre possède de grandes qualités. Mais surtout,
ce qui fait distinguer ses tableaux, c'est la finesse de tons que l'on y
remarque, le vaporeux de leurs fonds, ainsi que leur douce har-
monie. »

Dans le *Journal de Paris*, page 18, n° 5 — 5 janvier 1779, l'abbé
Raby consacre une lettre à la mémoire de Simon-Mathurin Lantara
« mort à l'hôpital de la Charité — écrit-il — le 22 du mois dernier. »
Après avoir déploré l'extrême misère du peintre, et affirmé que de
faux amis exploitèrent son talent à leur avantage il ajoute : « Pour
terminer son éloge, je dirai que les plus habiles dans son genre
avaient une grande estime pour ses ouvrages. »

Enfin, à la collection des estampes de la bibliothèque Richelieu, on
remarque un cadre vide entre ceux de Lagoua et de Largillière, ce
qui permet de suppooer que le portrait de Lantara s'y trouvait autrefois, mais qu'il a disparu depuis.

FIN.

TABLE DES MATIÈRES

CONTENUES

DANS CET OUVRAGE

www.ingramcontent.com/pod-product-compliance
Lightning Source LLC
Chambersburg PA
CBHW071329030726
47594CB00002B/592